AF339997

27
Ln 2041$.

NOTICE BIOGRAPHIQUE

sur

Mme LA COMTESSE CÉLESTE VIEN,

MEMBRE DE L'ACADÉMIE ROYALE DE BORDEAUX,

DE L'ACADÉMIE DE VAUCLUSE, DE L'ATHÉNÉE DES ARTS, SCIENCES

ET BELLES-LETTRES DE PARIS,

DE LA SOCIÉTÉ D'ÉMULATION DE ROUEN,

DES SOCIÉTÉS SAVANTES ET LITTÉRAIRES DE L'EURE, D'INDRE-ET-LOIRE,

DES PYRÉNÉES-ORIENTALES, ETC.,

Lue dans la séance publique annuelle de l'Athénée des Arts,

LE 18 JUIN 1843,

Par M. COUBARD D'AULNAY.

BIBLIOTHÈQUE ROYALE

PARIS,

IMPRIMERIE DE FÉLIX MALTESTE ET Cie,

RUE DES DEUX-PORTES-SAINT-SAUVEUR, 18,

Près le passage du Grand-Cerf.

1843

NOTICE BIOGRAPHIQUE

SUR

Mme LA COMTESSE CÉLESTE VIEN.

MESSIEURS,

Parmi les pertes douloureuses qui ont récemment attristé les lettres, celle de madame la comtesse Céleste Vien est sans contredit l'une des plus dignes d'exciter nos regrets.

Si mes confrères n'eussent consulté que le talent, à tout autre qu'à moi aurait été confiée l'honorable, mais difficile mission, de vous entretenir de la femme de lettres distinguée qui a contribué pendant tant d'années à la gloire de notre Société. Mais s'il suffit d'avoir éprouvé parmi ses amis l'affliction la plus profonde, les plus vifs regrets, certes, à nul autant qu'à moi il n'appartenait de rappeler ses titres littéraires dans cette solennité, et je remercie mes confrères d'avoir choisi pour concourir à l'érection d'un monument qui est pour eux l'accomplissement d'un devoir aussi sacré que doux à remplir, non pas le plus digne, mais celui qui connaît le mieux tout ce qui la concerne, celui qui chérissait le plus sincèrement sa personne et ses écrits. Ils ont voulu me mettre à même d'acquitter une dette de cœur, en me chargeant de cette esquisse littéraire, tracée avec plus de réserve que de confiance, avec plus de retenue que de prétention.

Si la noblesse a quelque valeur, c'est lorsqu'elle dérive de l'une de ces deux sources : le talent ou la vertu.

Madame Vien se présente à nous avec un double préjugé d'illustration. Fille du général Bache, elle épousa bien jeune encore, elle avait alors seize ans, le digne fils du restaurateur de la peinture en France, du fondateur de cette école célèbre, d'où sont sortis les David, les Vincent, et tant d'hommes distingués dans les arts dont se glorifie le dix-neuvième siècle.

Le talent est contagieux. Sans cesse en rapport avec l'homme de génie qui donna aux arts une si heureuse direction et leur imprima une impulsion si salutaire, faisant les honneurs de son salon aux savants Lagrange, Laplace, Monge, Berthollet, Chaptal; aux hellénistes Laporte du Theil et Gail; aux littérateurs Dussault, Arnault, Ducis, Ginguené, Barthélemy, Andrieux, auxquels venaient se mêler les peintres Regnault, Taillasson, Ménageot, etc. , cette société dut nécessairement avoir une grande influence sur ses idées. Elle pensa à élever son intelligence par l'étude, afin de parler à l'esprit de l'homme supérieur auprès duquel elle était appelée à vivre, comme elle parlait à son cœur : car il est des mésalliances d'esprit comme des mésalliances de mœurs et de rang.

Ce fut au milieu de ces hommes célèbres dans tous les genres que madame Vien fit, en quelque sorte, sa première communion littéraire. Ce goût vrai de la nature, cette exquise délicatesse, ce goût pur de l'antiquité, elle les puisa dans la contemplation continuelle des œuvres de son beau-père : aussi, plus tard, nous ne serons pas étonnés de rencontrer sous la plume de celle qu'on a si souvent comparée à madame Dacier pour l'érudition , une poésie fortement empreinte du sentiment et de l'expression antique , un vers modelé avec toute la beauté gracieuse de l'école grecque.

« Nous sommes tous poètes à de certaines heures, a dit un auteur moderne (1) : les enfants sans le savoir, les vieillards en se souvenant, les femmes toujours...» Madame Vien se prit d'abord à la littérature comme à un amusement qui devait occuper ses loisirs , pendant les heures de travail que son mari passait dans son atelier ; il lui fallait *otium cum dignitate*. Qu'on nous pardonne ces citations en latin à propos d'une femme qui le savait si bien. La joie de travailler , qui est déjà un salaire immense à elle seule , fut d'abord sa plus douce récompense. Elle se réjouit donc de la culture des lettres comme d'une distraction, et trouva la gloire en ne cherchant que le plaisir.

Alors elle fut heureuse de faire refléter sur son nom quelques beaux rayons de la gloire de son illustre beau-père, en composant d'abord quelques poésies fraîches et timides.

Mais bientôt initiée aux mystères de la langue grecque par le savant Laporte du Theil, elle reproduisit avec un charme tout féminin la douce philosophie, les idées fraîches de l'heureux chantre de la rose et des amours, Anacréon , ce poète gracieux qui , selon Pausanias, obtint l'honneur d'une statue dans la citadelle d'Athènes.

(1) Alfred de Vigny.

Chacun sait que les mots de nos langues modernes sont impuissants à redire avec une fidélité absolue les idées des anciens peuples ; et cependant, fidèle au précepte de Cervantès : *Ne rien omettre et ne rien mettre*, madame Vien, dans sa traduction d'Anacréon, sut faire passer dans notre idiôme, sans les altérer, les graces légères du poète de Téos. Suivant avec lui les mouvements de la colombe ou de l'hirondelle, se mêlant sur ses pas aux danses des Nymphes et des Amours, elle nous présenta, dans son calque fidèle, l'aimable facilité du poète grec. On y retrouve le sentiment et la science de l'antiquité, la naïveté ingénieuse du poète, avec toute la pureté des contours helléniques.

Tous les journaux de l'époque, *le Mercure du XIXe siècle*, dans un article de M. Tissot ; *la Gazette de France*, *le Constitutionnel*, *la Quotidienne*, *la Revue encyclopédique*, *le Moniteur universel*, *le Drapeau blanc*, *le Diable boiteux*, *le Corsaire*, *la Pandore*, *le Journal de la Jeunesse*, de madame la comtesse d'Hautpoul, *le Journal des Dames*, se sont plu à reconnaître la supériorité de cette traduction sur toutes celles qui l'avaient précédée ; laissons parler pour un instant les rédacteurs de deux de ces journaux, exprimant leur opinion désintéressée, impartiale, sur l'œuvre d'une femme qu'ils ne connaissaient pas.

« Madame Céleste Vien, belle-fille du célèbre restau-
» rateur de la peinture en France, a fait une étude as-
» sez profonde de la langue et de la littérature des Grecs,
» pour tenir honorablement sa place parmi les hellé-
» nistes. Les difficultés que présentait le travail qu'elle
» s'imposait ne l'ont point arrêtée et elle en a triomphé.
» Au mérite d'une scrupuleuse exactitude à rendre le

» sens du texte original, elle a joint celui de faire passer
» dans sa traduction l'élégance, le coloris naturel et gra-
» cieux, la précision, et, autant que le génie de notre langue
» le lui a permis, le mouvement et les tours de phrases
» qui distinguent la poésie d'Anacréon. Grace à cette sa-
» vante interprète, notre littérature classique possèdera
» enfin une traduction en prose telle qu'on la désirait
» depuis longtemps. Cet ouvrage contribuera à faciliter
» aux jeunes gens studieux la connaissance de la belle
» langue à laquelle nous devons les premiers chefs-
» d'œuvre du génie, ces chefs-d'œuvre qui ont inspiré
» tous ceux que l'on a composés depuis. » (*Journal de
Paris*, 3 juillet 1825.)

« C'était déjà une chose fort extraordinaire, dit *l'A-
» ristarque français*, de rencontrer au temps de la cé-
» lèbre madame Dacier une femme capable de traduire
» le grec. Un pareil phénomène serait bien plus étonnant
» dans notre siècle, où l'étude des langues anciennes est
» plus négligée qu'elle ne l'était autrefois. Il faut donc
» remercier madame Céleste Vien qui vient de publier
» une traduction des odes d'Anacréon, et qui a ainsi
» prouvé qu'il était possible de trouver, au dix-neuvième
» siècle, une dame qui non seulement sût le grec, mais
» qui encore le sût beaucoup mieux que ses devan-
» ciers.

» La traduction d'Anacréon de madame Céleste Vien
» nous paraît supérieure à celles qui ont paru jusqu'ici;
» elle rend presque toujours le naturel et la grace de l'o-
» riginal; et ce qui prouve surtout le mérite de sa tra-
» duction, c'est qu'on ne sent point en la lisant le travail
» du traducteur; en sorte, qu'il faut se rappeler sans
» cesse qu'Anacréon a fait des odes pour ne pas oublier

BIBLIOTHEQUE ROYALE

» que madame Céleste Vien traduit plus qu'elle ne com-
» pose. »

M. Monfalcon, qui a publié à Lyon une magnifique édition polyglotte d'Anacréon, s'exprime ainsi dans la préface : « Des deux versions françaises que nous don-
» nons, l'une est en prose, l'autre est en vers. Les
» auteurs de la première, désirant la rendre aussi lit-
» térale qu'elle pouvait l'être avec la différence de génie
» des deux langues, n'ont pas craint de se rencontrer
» quelquefois avec l'un de leurs devanciers, madame
» Céleste Vien, et ils ont mieux aimé se servir du mot
» propre, déjà employé, que de mentir par des équi-
» valents à la fidélité du texte. Écrivain d'une parole
» élégante et pure, madame Vien ne s'en astreint pas
» moins à l'exactitude du calque : il a été plus d'une
» fois impossible de faire autrement. »

Ce concert unanime d'éloges de la presse littéraire sur l'œuvre de madame Vien décida les ministres de l'Intérieur et de la Maison du roi à souscrire, le premier pour cinquante, et le second pour vingt exemplaires de la traduction d'Anacréon.

Dans sa traduction en vers des *Baisers* de Jean Second, l'un de ces auteurs dont tout le monde a entendu parler, contre lequel ont lutté tour à tour les Dorat et les Tissot, et que peu de personnes cependant ont lu dans l'original, madame Vien se montre également pénétrée d'un profond respect pour son modèle, qu'elle suit toujours d'aussi près qu'il lui est possible. « Car, prétendre, dit La Harpe, qu'un poète qui en traduit un autre en vers doit s'asservir à rendre tous les mots, à renfermer dans un même espace les mêmes idées dans un même ordre, c'est le ridicule préjugé d'un pédant

à cervelle étroite qui, malheureusement, sait assez de
latin ou de grec pour juger très mal le français. » Mais
tout en posant religieusement ses pas sur les pas de son
auteur, madame Vien a soin que la gaze qui doit toujours couvrir les scènes voluptueuses n'y soit jamais
déchirée. On retrouve dans sa traduction un langage
trempé aux sources les plus pures, un vers nombreux
et bien rempli, une poésie riche et féconde où le sens
ne cède jamais à la rime. Nous sommes assuré d'être
agréable aux nombreux admirateurs du beau talent de
madame Vien en rapportant ici les vers charmants qui
lui ont été adressés dans la langue de Jean Second par
M. Haumont :

AD ROSAM CŒLESTEM

EXIMIAM INTERPRETEM

JOANNIS SECUNDI BASIORUM XIX.

Plaude tibi Batavum potuisse æquare poetam
    Quo vix Naso prior vixque Tibullus erat :
Judice me, tua sunt dignissima carmina laude,
    Æterno tuus est dignus amore liber ;
Hunc Cytherea sui perfudit aromate flatûs,
    Hunc dea *Cœlestem* jussit olere *Rosam.*
Cum te nempè lego curas ac tædia pellis,
    Et tua me juvenem de sene musa facit;
Nimirùm renovas (quid enim non carmina possint!)
    Ver primum et veris gaudia, vota, jocos;
Nec mirum si oculis te, corde, manuque revolvam,
    Sique Joannis amem Basia, cùm tua sint.

Porrò plura dedi tacitâ tibi millia mente,
    Cùm mihi tu nuper dena novemque dares.
Malim ego viginti, numerus nam claudicat impar ;

Unum tu quod abest adde, rotundus erit.
Suavia semper erunt à te quæ oblata recepi :
   Quod rogo, quo careo non puto suave minùs.

Te Cypris et Phœbus myrto lauroque coronent,
   Quæ sapis ausonios, gallica musa, sales :
Dumque ego pallidulos venor sub vespere flores,
   Tu, Rosa, jure tuas, eïa age, carpe rosas.

A ROSE CÉLESTE VIEN,

TRADUCTEUR DISTINGUÉ

DES XIX BAISERS DE JEAN SECOND.

« Félicitez-vous, madame, de marcher l'égale du
» poète batave dont la haute renommée ne le cède peut-
» être qu'à celle d'Ovide et du tendre Tibulle. Vos vers
» sont, à mon avis, dignes des plus grands éloges, et
» votre livre est fait pour nous charmer, nous et nos
» derniers neveux. On dirait que Vénus y a laissé le par-
» fum de sa fraîche haleine: on y respire je ne sais quelle
» essence de *Rose Céleste*. Non seulement j'oublie, en
» vous lisant, les soucis et les peines de la vie, mais
» encore je me sens rajeunir sous l'influence de votre
» muse enchanteresse, qui ramène en effet pour moi (telle
» est la puissance des beaux vers !) le printemps de l'âge,
» avec tout le cortége de ses joies, de ses espérances et
» de ses illusions. Aussi, fais-je mes délices de vous feuil-
» leter sans cesse, occupation non moins douce pour le
» cœur que pour les yeux et la main. Je raffole des
» Baisers de Jean Second ; c'est tout simple, madame,
» puisque ce sont les vôtres.

» Or, vous saurez que, lorsque vous m'en avez naguère

» octroyé dix-neuf, je n'ai pu me défendre de vous en
» donner en échange plus de mille d'intention. Pour ma
» part, j'eusse mieux aimé en obtenir vingt, d'autant que
» j'ai la faiblesse de croire qu'un nombre impair ne fait
» pas un bon compte. Prenez, je vous prie, la peine
» d'arrondir la somme et de m'en solder l'appoint. J'at-
» tacherai toujours beaucoup de prix aux dix-neuf bai-
» sers reçus ; croyez aussi que je n'en attache pas moins
» à celui qui me fait faute.

» Certes, madame, lorsque dans la poésie française
» on a comme vous le bonheur de refléter fidèlement les
» graces de la poésie latine, on mérite bien les couronnes
» de myrte et de laurier que Vénus et Apollon dispen-
» sent à leurs favoris ; courage donc, et tandis qu'au
» soir de la vie je me contente de glaner quelques fleurs
» un peu pâles, il vous appartient à vous, madame, rose
» vous-même, de cueillir à souhait des roses vermeilles
» toutes fières de votre patronage. »

Il nous serait impossible de signaler ici, autrement
que par leurs titres, les nombreuses et charmantes
pièces de poésie dans lesquelles madame Vien a dé-
pensé une si grande somme d'imagination. Porter la
main pour les analyser sur des chefs-d'œuvre si fins,
ce serait en quelque sorte les profaner.

Dans *Péristère changée en colombe; l'Amour piqué
par une abeille; le Nid d'oiseaux; le Printemps; l'Hom-
mage aux Muses; le Plaisir et la Rose; le Premier trou-
ble du cœur; l'Amour captif; le Billet brûlé; Il ne vient
pas*, etc., on retrouve à chaque expression une imitation
de Rome ou d'Athènes ; c'est de la poésie française
élégamment drapée à l'antique. Dans ses fables : *l'Aqui-
lon et le Zéphyr; la Larme; la Goutte de rosée et le*

Zéphyr; le Chêne et le Chèvrefeuille; le Rossignol et la Fourmi; les Deux passereaux; les Feuilles et les Racines; le Soleil et le Nuage; son style est frais et mélodieux comme un chant d'oiseau, limpide et pur comme l'eau d'une source transparente.

Pour l'homme ordinaire, la nature est un livre dont toute lettre est morte à son esprit; pour le poète, c'est un sujet inépuisable d'inspirations. Dans son *Ode à la Nature*, dans *la Première fleur du printemps*, dans son *Chant du matin*, etc., madame Vien a trouvé des idées neuves et nobles puisées dans la contemplation des splendeurs infinies de la création.

Cependant s'il nous faut choisir, pour vous les montrer, quelques unes des perles de son écrin poétique, prenons d'abord cette petite pièce; *Il est minuit,* que les compositeurs de musique se sont disputée et que plusieurs poètes ont tenté d'imiter.

MINUIT.

J'entends sonner la douzième heure,
Et, dans ma paisible demeure,
Le doux sommeil entre sans bruit :
     Il est minuit.

L'aiguille, à la course légère,
Dit à la reine, à la bergère :
« Profitez du temps qui s'enfuit :
     Il est minuit. »

Avant de clore la paupière,
La tendresse attire une mère
Vers l'enfant que berce la nuit :
     Il est minuit.

Du troubadour la voix sonore
Éveille un luth plus doux encore ;
Phœbé se voile et le conduit :
    Il est minuit.

Tout dort, la nuit ; mais l'Amour veille;
Et tandis que l'Argus sommeille,
Agnès en secret l'introduit :
    Il est minuit.

Amants heureux , voici l'aurore.
Demain vous redirez encore
Au bonheur qui toujours vous suit:
    « Il est minuit. »

Ne direz-vous pas avec nous, messieurs, celle-là est
une femme pleine de grace, qui a écrit les vers que je
viens d'entendre et ceux ci :

A UNE FONTAINE.

ÉLÉGIE.

Humble et salutaire fontaine ,
Ton cristal ondoyant ne peut guérir ma peine ;
Il n'éteint pas le feu qu'Amour d'un trait vainqueur,
En se jouant, alluma dans mon cœur.
Ce faible cœur , esclave de sa chaîne ,
Repousse le dictame offert à sa douleur.
La nuit, le doux sommeil évite ma paupière ;
Je désire le jour et je crains sa lumière.
Ah ! si Morphée, avare de pavots,
Veut, sur l'océan de la vie,
Laisser mon ame en proie à la fureur des flots ,
Je viendrai sur tes bords, témoins de mes sanglots ,
Terminer un destin si peu digne d'envie.
Le lierre, fidèle à ta loi,
De ses bras caressants te presse et te couronne.

Hélas ! moins heureuse que toi ,
L'ingrat que j'adorais sans retour m'abandonne ,
Et le myrte amoureux ne fleurit plus pour moi.

Mais si madame Vien excellait dans le genre gracieux,
son talent flexible savait traiter avec une égale supériorité les sujets plus graves. Écoutez :

LA STATUE DE SAINT-VICTOR,

LÉGENDE PROVENÇALE.

De Saint-Victor les tours, aujourd'hui décrépites,
Recélaient autrefois de pieux cénobites.
D'immenses revenus, de grands fiefs possesseur,
Descendant de vingt rois, haut et puissant seigneur,
L'abbé de Saint-Victor de comte avait le titre.
Lui seul, aux jours de fête, entre tout le chapitre,
Revêtait et l'aumusse et le blanc chaperon ;
Mais, plus habile encore à chausser l'éperon ,
Nul page, nul varlet, dans toute la Provence,
Ne savait mieux dompter un fougueux destrier ,
Et, dans un jour de chasse, au cruel sanglier
Livrer la guerre, armé du cor et de la lance.

Or, à l'un des abbés, amis, écoutez bien
    Ce qu'advint, de fille naïve
Pour avoir préféré le si doux entretien
    A la voix lugubre et plaintive
    De ses moines psalmodiant
    Dans la vaste nef du couvent.

      Sa molle chevelure ,
      Plus noire que le jais ,
      Sur son visage frais
      Flottait à l'aventure.

A ses moines austères
Abandonnant le soin
De chanter les prières,
Il s'égarait au loin
Dès l'heure des matines,
Sur les vertes collines.
Tantôt il poursuivait
Ou la biche timide,
Ou le lièvre inquiet,
A la course rapide;
Tantôt, dans l'ombre de la nuit,
Armé d'une ligne pliante,
Au bord de l'onde assis sans bruit,
Il pêchait la carpe imprudente;
Mais il chassait plus volontiers
Certain oiseau, le plus beau des gibiers,
Gibier sans plumes, sans écailles,
Qui se prend sans lignes ni mailles,
Disent les anciens romanciers,
Mais qui parfois se laisse prendre
Par beaux présens ou propos tendre.

Un matin il suivait, au lever du soleil,
Le rivage désert de la mer écumeuse,
Quand, soudain, à l'abbé d'humeur aventureuse
S'offre une jeune fille au visage vermeil.
Assise en une barque attachée à la rive,
A réparer des rets elle était attentive.
Bleus étaient ses beaux yeux,
Comme la vague fugitive
Où vient se réfléchir le pur azur des cieux;
Son teint était plus blanc que les perles brillantes;
Son cou d'albâtre était paré
De ses beaux cheveux d'or, aux boucles ondoyantes,
Semblables au chanvre doré
Qu'au temps des froids fait une main agile
Tourner près du foyer sur un fuseau mobile.
« Quel est ton nom? ma chère enfant,

> Dit l'abbé d'un ton caressant.
> — J'ai nom Madeleine, > dit-elle
Les yeux baissés et rougissant.
« Dis-moi ? qui donc es-tu, ma belle ?
> — La fille de Jean, le pêcheur
> Du jeune abbé, notre seigneur.
» — Eh bien ! gentille Madeleine,
» Tu vois en moi l'abbé de Saint-Victor ;
> Laisse là tes filets, suis-moi ! — > Mais, incertaine,
Madeleine hésitait encor,
Quand le comte lui dit : « J'ai reçu d'Angleterre
» Les filets les plus beaux ; avec moi, sans retard,
> Viens les chercher, puis à ton père
> Tu les offriras de ma part. >
Se confiant en son saint caractère,
Au rivage attachant sa nacelle légère,
La jeune fille, et timide et sans art,
Suit l'abbé dont l'oreille est sans cesse attentive
Aux pas légers de la vierge naïve
Qui le suit à l'écart.

Enveloppés du plus profond mystère,
Ils parviennent enfin au sacré monastère ;
Ils entrent dans la nef : là, du grand saint Victor
Existe une antique figure ;
Le saint, sur son cheval, est couvert d'une armure
Où l'on voit tour à tour briller le fer et l'or.
D'un côté de la nef, par une meurtrière,
On entendait des flots les sourds mugissements ;
Puis on voyait de temps en temps,
De la tempête avant-courrière,
Passer en voltigeant la mouette légère,
Qui de son aile effleurait les vitraux.
Un cierge projetait une lueur douteuse ;
De l'orgue s'échappait sous les vastes arceaux
Une vibration sourde et mystérieuse,
Et l'on pouvait ouïr la voix religieuse
Des moines rassemblés qui priaient dans le chœur.

De la nef tout-à-coup l'abbé fermant la grille,
Se tourna promptement; puis dé la jeune fille
  Pressant les mains avec ardeur :
« Madeleine, dit-il, en ce lieu solitaire
 » Je t'amenai, mais pour avoir ton cœur;
» Car je n'ai ni filets ni lignes pour ton père,
  » Mais j'ai pour toi des colliers d'or
 » Qui d'une reine exciteraient l'envie :
» Si tu veux m'écouter, non, jamais en ta vie
 » Tu n'oublieras l'abbé de Saint-Victor! »

De perdre son honneur se voyant menacée,
Madeleine à ces mots devint pâle et glacée,
  Comme le marbre qui pavait
 La nef sonore où l'écho répondait.
 « Non, monseigneur, disait la jouvencelle.
» Gardez vos colliers d'or, et ne me donnez rien ;
» Laissez-moi ma sagesse, hélas! c'est tout mon bien ;
» J'aimerais mieux mourir que de vivre sans elle! »

 Mais c'est en vain : il ne l'écoute pas:
Insensible à sa voix et sourd à sa prière,
  L'abbé l'enlace de ses bras,
 Et tente de l'asseoir sur un siége de pierre,
 A l'endroit même où du grand saint Victor
Dans l'ombre apparaissait la figure guerrière,
 Que dans la nef une faible lumière
  De ses feux éclairait encor.

« Oh! d'une pauvre fille et faible sans défense,
» N'abusez pas, » disait la fille du pêcheur,
Cherchant à s'échapper des mains de son seigneur.
  « Écoutez plutôt en silence
  » Des moines le chant solennel,
 » Et que les vœux qu'ils adressent au ciel,
» Vous rappelant à vous, protégent Madeleine. »

  Mais sa supplique est vaine ;
  Car le comte n'entend

Ni de ses moines les prières,
Ni le bruit lugubre du vent
Qui siffle dans les meurtrières.
  « Le ciel vous maudira, »
  Disait la jeune fille;
  « Oui, Dieu vous punira!
  » O vierge sainte, ô toi
» Qui toujours du pêcheur protégeas la famille,
  » Vierge sainte, protége-moi! »

Elle dit : vers le ciel élève sa paupière;
  Quand tout-à-coup, ô surprise, ô terreur !
Elle a vu du grand saint, à travers sa visière,
  Briller les yeux qu'enflammait la fureur :
    « Grand saint Victor, s'écria-t-elle,
    » Sauvez une faible mortelle
    » De la honte et du déshonneur! »
Alors elle croit voir... non, ce n'est point un songe,
Le saint brandir sa lance à la pointe d'acier,
    Et, debout sur son étrier,
De son large éperon, que dans ses flancs il plonge,
  Presser l'ardeur de son coursier.

    La jeune fille, à cette vue,
    Crut sa dernière heure venue;
Elle ferma les yeux, et puis elle entendit
Le galop d'un cheval, qui, dans le monastère,
Retentissait au loin ; et puis elle sentit
    De sa taille légère
  Se détacher les bras du jeune abbé.
Lorsqu'elle ouvrit les yeux, quelle fut sa surprise !
Le saint et le coursier et la nef de l'église,
A ses regards surpris tout s'était dérobé.

Assise en son bateau, tranquille et solitaire,
Elle raccommodait les filets de son père.
Madeleine un instant crut qu'un songe trompeur
Avait troublé ses sens d'une vaine terreur.

Quand elle ouït du haut des tours de l'abbaye
    Le glas de la cloche de mort.
Du rivage aussitôt elle quitte le bord ,
    Et de ses compagnes suivie
Elle court à la nef. Là, le comte, sans vie,
Gisait enveloppé dans les voiles du deuil;
Ses moines tristement priaient sur son cercueil.
A la place où naguère était l'image sainte,
On ne retrouva plus que le blanc piédestal ;
        Et des fers du cheval
Le pavé de la nef avait gardé l'empreinte.

        Depuis ce temps, dit-on,
        De cette triste histoire
        Les filles du canton
        Conservent la mémoire ;
    Nulle au seigneur de saint Victor,
    Se souvenant de Madeleine,
    Et croyant sa perte certaine ,
    N'ose se confier encor ;
Car elles ont appris que, depuis l'aventure,
L'image du grand saint couvert de son armure ,
    Dont Madeleine implora le secours ,
Sans qu'on la retrouvât disparut pour toujours.

Nous avons beaucoup cité, et nous voudrions pouvoir citer encore. Nous voudrions pouvoir vous dire : *les Deux chevaliers* (scène du désert) ; *le Duel sur la glace; l'Esclave d'Europe; le Partage de la terre; l'Envie; le Courtisan;* ce beau chant de *Leszek-Le-Blanc*, inséré dans *la vieille Pologne*, de M. C. Forster; *la Mort de la vieille année; Samuel Johnson*, et tant d'autre pièces remplies d'une poésie fortement colorée qui sort de l'ame et qui parle à l'ame, et dans lesquelles elle a répandu à profusion les trésors d'une imagination belle, riche et pure.

Quel plaisir n'avons-nous pas eu à l'étudier dans le négligé de sa pensée intime, dans ces fragments écrits à la hâte, où elle déposait comme en un discret album le secret de ses impressions ! On l'y retrouve tout entière avec ses affections ; vous lisez dans ses écrits comme dans son ame, et vous voyez en la lisant qu'elle a mis son ame dans ses écrits. L'Ode majestueusement drapée, l'Élégie sous son long voile, la Ballade avec sa viole, l'Idylle avec ses pipeaux, tous les genres s'y trouvent, à l'exception de l'Épigramme au trait piquant : aussi prenions-nous plaisir à lui dire, faisant allusion à son nom et à son esprit si inoffensif, que c'était une *Rose sans épines*.

Madame Vien aurait pu produire davantage ; mais Eschyle, l'un de ses auteurs favoris, lui avait dit que « le temps ne respecte pas ce qui se fait sans lui ». Dans cette littérature si encombrée, elle eût pu faire plus de bruit, mais elle travaillait ses ouvrages et ne travaillait pas ses succès.

« Je ne suis jamais moins seul que quand je suis seul, » disait Scipion l'Africain. Vivant plus avec les livres qu'avec les hommes, si madame Vien, tenant la plume, était une femme de lettres distinguée, dans son salon c'était une femme du monde d'une amabilité rare, possédant au suprême degré cet art perdu de la conversation, qu'elle avait acquis dans une société où l'on causait plus, où l'on discutait moins.

Dans ce salon dont elle n'ouvrait les portes qu'à un battant, elle ne tenait point bureau d'esprit ; ce n'était point un Hôtel de Rambouillet, car elle n'était ni une Armande ni une Bélise. C'étaient des réunions d'artistes, des causeries discrètes qui craignaient la foule et qui devenaient littéraires sans en avoir la prétention. Là, tous

venaient par hasard, sans invitation, d'eux-mêmes, at-
tirés par la courtoisie d'accueil d'une hôtesse pleine
de bienveillance qui avait éloigné de son foyer la mor-
gue, véritable torpille qui neutralise les gens d'esprit les
plus spirituels.

Toujours parée de cette joie intime et pure qu'elle
puisait dans le mariage de deux ames si bien faites l'une
pour l'autre, elle adoucissait par un sourire la tristesse
des pensées de l'homme de lettres malheureux, de l'ar-
tiste découragé ; elle entretenait chez eux la gaîté, cette
santé de l'ame.

Simple dans tout ce qu'elle faisait, elle ne mettait pas
plus de façon à raisonner qu'à sa toilette ; aussi était-elle
aussi naturelle dans ses expressions que dans sa parure.
On admirait en elle un laisser-aller charmant, une fran-
chise pour laquelle elle invoquait la réciprocité : « On
» peut dire toutes choses à ceux qui vous aiment : *Ama*
» *et dic quod vis,* » nous disait-elle.

Sachant se mettre à la portée de tous, si elle dépen-
sait largement cette petite monnaie de la conversation
avec les personnes de talent qui formaient sa société ha-
bituelle, se trouvait-elle avec des gens inférieurs, elle
abdiquait sa réputation de femme spirituelle pour s'effor-
cer de descendre à leur niveau. Quoiqu'elle possédât ce
genre d'esprit délicat et ferme qui peut servir tout à la
fois d'ornement et d'arme pour se défendre, comme elle
n'avait jamais mis une goutte de fiel dans son encre, jamais non plus le sarcasme si prompt aux lèvres de la
médiocrité ne lui est venu à la bouche. Il est vrai qu'elle
ne fut jamais attaquée, et bien que lord Byron ait dit que
« les poètes n'ont pas d'amis », tous ceux qui l'appro-
chaient, les femmes elles-mêmes, joignaient leur franche
amitié à leur estime pour son talent, parce qu'elle ne

coudoyait aucun amour-propre sur son passage, parce qu'elle n'affichait aucune prétention.

« Il y a quatre sortes d'orgueil, » disait le docteur Swift dans ses sermons : « Celui de la naissance, celui » de la fortune, celui de la grace et celui de l'esprit. » Ces quatre sortes d'orgueil madame Vien pouvait les avoir, elle préféra n'en avoir aucun.

Comme son illustre beau-père, sénateur et comte de l'Empire, qui signait modestement ses ouvrages : *Vien, peintre; Céleste Vien* était le seul nom qu'elle mît sur ses œuvres. Sa première noblesse à ses yeux était celle du talent; son blason littéraire lui était plus cher que l'autre, parce qu'elle le devait à elle seule. Mais si elle était fière de son savoir, ce n'était point une science pressée de se montrer. Madame Vien n'arrivait jamais dans un cercle avec l'envie d'entrer en scène, préparée à jouer le premier rôle. Elle savait trop bien qu'on par- donne encore à une femme sa fortune, sa noblesse, mais qu'on ne lui pardonne pas la supériorité de l'intelligence. Elle qui avait tant travaillé, se montrait douce pour les faibles; car elle avait compris que le talent coûte tant de peine à acquérir que beaucoup de femmes sont obli- gées de s'en passer. Mais elle savait intérieurement que si Scaliger disait en parlant de l'ode d'Horace : *Quem tu Melpomene semel* : « J'aimerais mieux l'avoir faite que d'être roi d'Aragon, » plus d'une haute et puissante dame de nos jours qui, comme dit Montaigne « ne pou- » vant atteindre à la célébrité se venge par en médire », aurait aussi été plus fière d'être, comme elle, la seule femme à laquelle son talent eût ouvert les portes de l'A- cadémie de Bordeaux, que de sa couronne de comtesse.

On peut dire de madame Vien ce que Saint-Simon disait de madame de Sévigné : « Cette femme, par son aisance,

» ses graces naturelles, la douceur de son esprit, en don-
» nait par sa conversation à tous ceux qui n'en avaient
» pas ; extrêmement bonne d'ailleurs et savait toutes
» choses sans vouloir paraître savoir rien. »

Oui, madame Vien était extrêmement bonne. Elle n'a-
vait point adopté cette maxime : «chacun pour soi » qui
est une sorte de code de morale à l'usage de la presque
totalité des hommes de nos jours. Elle savait que si, par
une heureuse exception, elle jouissait d'un bonheur par-
fait sur cette terre, le malheur s'entrelace dans toutes
les existences ; elle savait que chacun doit ici-bas porter
sa chaîne d'or ou de plomb ; qu'il est des auteurs par
la grace du malheur qui mangent un pain pétri de pleurs ;
que les rudes chemins de la poésie mènent souvent à un
calvaire : aussi prenait-elle plaisir à soutenir, à encou-
rager le talent, cette sensitive souffrante et délicate que
les doigts grossiers des hommes, dans leur indiscret
toucher, n'approchent souvent que pour la froisser et la
flétrir. Il y a si peu de services bien rendus, si peu de
mains assez légères pour ne pas faire souffrir le blessé
qu'elles pansent ! Mais madame Vien avait une délicatesse qui lui gagnait tous les cœurs ; elle mettait dans
sa manière d'obliger quelque chose de providentiel, un
charme ineffable, céleste : car, pour nous servir de l'heureuse expression de M. Villenave « il y avait dans toute
sa personne quelque chose de son prénom. »

Six mois avant sa mort, M. Vien père peignait des
scènes champêtres pleines de grace. Comme lui, madame Vien s'occupait d'une pièce gracieuse quelques
jours avant qu'elle nous eût été enlevée, comme par un
coup de foudre, au milieu des joies de la fête de son
époux, auquel elle avait voué une affection si parfaite.

Ainsi, Anacréon couronnait de roses ses cheveux blancs, et remplissait sa coupe sur les bords du tombeau.

Le lendemain nous venions avec les Châteaubriand, les Béranger, les Tissot, les Villenave, avec toute l'élite de la littérature, effeuiller des cyprès sur les roses de la veille. Cette maison qu'elle parfumait de ses vertus et de son amabilité était vide, car à la mort de madame Vien il y avait là d'anéanti plus que toute une gloire, il y avait toute une maison dont elle était l'ame :

« Les trésors enfouis dans la mer ne sont pas aussi » précieux, a dit Middleton, que les consolations secrètes » que l'on trouve dans l'amour d'une femme chérie ; la » violette n'exhale pas un aussi doux parfum que le souf- » fle religieux d'une épouse. »

Si quelque chose peut adoucir les regrets amers de notre bien-aimé confrère M. le comte Vien, c'est de penser que peu d'existences ont été plus heureuses, parées de plus de gloire et de plaisir. Elle est partie escortée du double tribut d'hommages qui accompagnent la femme de talent et la femme de bien ; elle s'est endormie dans le repos d'une célébrité acquise, emportant avec elle la gloire, cette couronne du génie.

Mais elle n'est pas perdue tout entière pour nous ; nous conservons religieusement l'image de ses traits chéris, peints par la main d'un époux que soutenait le courage d'un pieux souvenir, pour une femme dont la mémoire recueillera autant d'éloges que de regrets.

« La Muse est un oiseau, » « musa ales » a dit le poète. Porte donc, ô blanche colombe d'Anacréon, aimable messagère, porte vers celle que nous pleurons ces dernières paroles d'amour et de vénération !....

BIBLIOTHÈQUE ROYALE

BIBLIOTHEQUE NATIONALE DE FRANCE

3 7502 01042221 2

www.ingramcontent.com/pod-product-compliance
Lightning Source LLC
Chambersburg PA
CBHW061754060726
47597CB00007B/2935